Marginales 212

Nuevos textos sagrados
Colección dirigida por
Antoni Marí

Libros de Luis García Montero en Tusquets Editores

MARGINALES
(Nuevos Textos Sagrados)
Completamente viernes
La intimidad de la serpiente
Poesía (1980-2005)

MARGINALES
Gigante y extraño. Las Rimas de Bécquer
Los dueños del vacío

TEXTOS EN EL AIRE
Almanaque de fabulador

FÁBULA
La Celestina
Versión teatral de Luis García Montero
Poesía (1980-2005)

Luis García Montero

LA INTIMIDAD
DE LA SERPIENTE

1.ª edición: febrero de 2003
2.ª edición: marzo de 2003
3.ª edición: abril de 2004
4.ª edición: noviembre de 2010

© Luis García Montero, 2003

Diseño de la colección: Clotet-Tusquets
Diseño de la cubierta: BM
Reservados todos los derechos de esta edición para
Tusquets Editores, S.A. - Cesare Cantù, 8 - 08023 Barcelona
www.tusquetseditores.com
ISBN: 978-84-8310-857-4
Depósito legal: B. 41.342-2010
Fotocomposición: David Pablo
Impresión y encuadernación: GRAFOS, S.A. Arte sobre papel
Sector C, calle D, n.º 36, Zona Franca - Barcelona
Impreso en España

Queda rigurosamente prohibida cualquier forma de reproducción, distribución, comunicación pública o transformación total o parcial de esta obra sin el permiso escrito de los titulares de los derechos de explotación.

ÍNDICE

I
CUARENTENA
«Con qué ferocidad y a qué hora importuna», *17*

II
LOS CONFLICTOS DEL VOCABULARIO
1. Deudas de juego, *23*
2. Si todo va bien, *27*
3. Domicilio particular, *31*

III
LAS PALABRAS DEL PERSEGUIDO
(CANCIONES)
Canción búsqueda, *37*
Canción presentimiento, *39*
Canción de la esquina 40, *41*
Canción resistente, *43*
Canción suicida, *45*
Canción sol, *47*

Canción eclipse, *49*
Canción luna, *51*
Canción que corta, *53*
Canción de espera, *55*

IV
CAMBIOS DE PIEL
Fe de vida, *59*
Hombre sin opiniones, *63*
La disciplina de la pobreza, *65*
El bar de siempre, *67*
Y mirarse a los ojos, *71*
El jardín de la serpiente, *73*
Realismo, *79*
Himnos y jazmines, *83*
Naranjas y cipreses, *87*
Hojas verdes, *89*

V
LOS DESNUDOS NO SON PAPEL DE PLATA
(CANCIONES)
Canción deshojada, *93*
Canción Metropolitan, *95*
Canción íntima, *97*
Canción extranjera, *99*
Canción serpiente, *101*
Canción 1960, *103*
Canción 2001, *105*

Canción pornográfica, *107*
Canción arboleda, *109*
Canción del día siguiente, *111*

VI
PEQUEÑAS ELEGÍAS INFINITAS
Las estrellas (Autobiografía), *115*
Las lecciones de la intimidad, *121*
Nochevieja (1940, 1970, 2000), *125*
Las confesiones de don Quijote, *133*
La primavera de la Esfinge, *139*

A Almudena,
también en la luz de los inviernos

¿Riqueza a costa del espíritu? ¿Espíritu a costa de la miseria? Ambos, espíritu y riqueza, parece imposible reunirlos. Mas no eres tú, ni acaso nadie, quien ahí pueda decidir. Piensa sólo, si lo que te importa es el espíritu, adónde debes inclinar tu simpatía. Aunque sin tu decisión racional, ya aquélla, sin vacilar un momento, se te va instintivamente a un lado. Oh gente mía, mía con toda su pobreza y su desolación, tan viva, tan entrañablemente viva.

LUIS CERNUDA

I
CUARENTENA

CON qué ferocidad y a qué hora importuna
salen tus veinte años de la fotografía
para exigirme cuentas.
En los ojos heridos por la luz
sostienes la mirada de mis sombras,
en el descaro de tus profecías
desdeñas la lealtad de mis recuerdos,
en la piel transparente
anegas el cansancio de mi piel
y defines mis años por traiciones.

No escandalices más,
hablemos si tú quieres,
elige tú las armas y el paisaje
de la conversación,
y espera a que se vayan
los invitados a la cena fría
de mis cuarenta años.
Por evaporaciones,
como las aguas sucias de los charcos

se acercan a las nubes,
caminaré contigo
hasta la plaza de tu juventud.
Allí están los magníficos
árboles de las ciencias y las letras
con sus palabras en el mes de mayo,
y el orden de los números
a la orilla del tiempo,
más cerca de las sumas que de las divisiones.

Imagino tu voz, supongo el aire
—porque a veces regresa hasta mis labios
en noches de espesura—
con el que afirmarás
que toda libertad es una roca,
que no faltan el viento y las razones,
sino la voluntad en el timón,
para gritar después que mi conciencia
es ya ropa tendida,
palabras puestas a secar.

Tendrás razón. No digo
ni la mitad de lo que siento.
Pero recuerda que mi soledad,
la que arde en mi lámpara de desaparecido,
es el silencio de las causas públicas.
Y puedes comprenderme:
mis mujeres dormidas,

el cajón de los barcos indefensos,
un teléfono antiguo...,
todas las tachaduras se parecen
a la inquietud que sufres
ante la vida en blanco.

Ya que fuerzas mis sombras con tu luz
comprende mi silencio en tus exclamaciones.
Porque sabes que sé
el lado frágil de la impertinencia,
lo que hay de imitación en tu seguridad,
la certeza que llega de los otros
para empujarte
por el afán de ser el elegido,
por el deseo de gustar,
hasta vivir de oídas en muchas ocasiones.

Aceptaré las quejas, si tú me reconoces
la legitimidad de la impostura.

Ahora que necesito
meditar lo que creo
en busca de un destino soportable,
me acerco a ti,
porque sabías meditar tus dudas.
Cuando tengas la edad que se avecina,
admitirás el tiempo de los encajadores,
la piel gastada y resistente,

el tono bajo de la voz
y el corazón cansado de elegir
sombras de pie o luz arrodillada.

Después de lo que he visto y lo que tú verás,
no es un mal resultado, te lo juro.

Baja conmigo al día,
ven hasta los paisajes verdaderos
en los que discutimos,
y me agradecerás
la difícil tarea de tu supervivencia.

II
LOS CONFLICTOS DEL VOCABULARIO

Somos una conversación

HÖLDERLIN

1
DEUDAS DE JUEGO

EN algunas palabras, quizás en las mejores,
suele crecer la hierba.
Y yo las imagino
a través de sus largas estaciones de lluvia,
y las conozco,
y no las llamo por su nombre
para que el corazón no pueda traicionarme,
y las veo pensar en el desierto
hasta quedarse secas,
hasta sentir el rastro vergonzoso
de sus enfermedades.
Entonces es la hora. Decido caminar
bajo la luna hospitalaria
que comprende la ley de mi paciencia,
y de la misma forma
que a los ojos se acerca un adjetivo,
acerco una cerilla a las palabras
para que se consuman
y pierdan la maleza,
con preocupada lejanía,

con silencioso resplandor,
igual que las hogueras en la noche.

En otras aventuras
la luz se ha desnudado con modales de niebla
y la fugacidad
ha compuesto en el aire
un cobrador de mano temblorosa
y el recibo de un sueño.
Hay palabras que buscan
el vapor amarillo de los faros
en sus mundos fugaces.
Una luz afilada
corta la carretera y la imaginación
para invitarme a perseguirla.
Pero yo me convierto en hotel despoblado
o en bar de algún camino
que cruce las fronteras y los bosques,
y entorno la quietud de una ventana
que se duerme en un lago,
y me siento a esperar
hasta que se apaciguan los motores
y las palabras vuelven a sentirse palabras.
Si frenan en la orilla de un recuerdo,
acompaño a sus faros
por los desvanes de la oscuridad,
fuerzo la lentitud
de lo que vive al fondo del olvido

y, mercader de nieblas,
con razones ecuánimes,
les descubro mi pacto:
yo les entrego un cuerpo donde poder vivir,
ellas le dan un nombre
a las encrucijadas de mi cuerpo.

Suben desde la umbría,
apuran el sentido de los atardeceres
y llegan a la luz por las conversaciones.
Lugar de conjurados, las palabras.
Por eso necesitan
una noche de frío
y el reclamo secreto de una voz familiar
para volver a casa.
Quien vigile la calle
descubrirá un balcón iluminado
y dos sombras amigas que se juntan
a discutir sus deudas,
el saldo compartido de lo que se perdió
en un rincón del tiempo
al levantar el as de corazones.

Las deudas de este juego son un reloj de arena,
la cuchilla que rompe una mirada,
la fuente que guardó el cadáver de un pájaro,
los muros del jardín
y el vacío que habita

el interior de las estatuas.
Fue así como los dioses perdieron sus antorchas.
El poeta lo dijo, únicamente somos
una conversación.
Las hogueras, los faros
y la luz de la calle vigilada
preguntan todavía
por sus razones y sus consecuencias.

Una conversación somos nosotros.
Palabras con instinto de ciudad,
palabras encendidas
que dejan en los versos confesiones
de gaviotas nocturnas,
y el calor
de los amantes fatigados
que se abrazan y ruedan lluviosamente unidos
por el umbral del sueño.

2
SI TODO VA BIEN
o sobre los límites de la poesía

NO hay demasiado tráfico,
y si todo va bien tal vez lleguemos
a la hora prevista.
La casa de balcones frente al mar,
antigua y rodeada por edificios sórdidos,
se parece a la luz del mes de octubre.
Como un río, la tarde
sobre los puentes de las autopistas,
y en la espuma del mar desembocan los coches.

La sombra de la casa
discute igual que un padre con su hija
por las evocaciones familiares.
La palabra orgullosa del cemento,
el plástico en la voz de la gran superficie,
las inseguridades, la silenciosa mueca
en los labios cerrados de la hamburguesería
o en la duda del beso,
tiemblan sobre las vigas de lo que ya no existe,
sobre la complicada manera de entender

el chantaje del tiempo.

Hay huellas en las dunas y en las conversaciones.
Cuando lleguemos me preguntarás
por los cañaverales,
por la taberna de tu bisabuelo
y por las redes de los pescadores
hundidos en la niebla. Las preguntas
son a veces arena, tienen forma
de sueño en un anillo de cristal,
de pasado que vuelve con el viento
para mojar sus pies
en la tranquilidad de un paseo nocturno.
Será nuestro presente,
el que nos den las imaginaciones.

Al caminar unidos
sobre un mundo que nunca conociste,
mientras atiendo y calmo
las nuevas exigencias de tu curiosidad,
pensaré, sin decírtelo,
que si todo va bien
alcanzarás orillas que me serán ajenas,
nubes que ya no podré ver,
matrículas extrañas y ciudades
levantadas al filo de un paseo marítimo.
En la espuma del mar desembocan los coches.

Vete a saber lo que depara el tiempo.
Y si todo va bien,
ni siquiera tu voz podrá contármelo.

3
DOMICILIO PARTICULAR

AL regresar a casa,
cuando la luz se ha transformado en eco
después de una jornada insoportable,
el tiempo y ella son
como una propiedad particular.
Necesito saber que me esperaba.

Oye mis pasos fríos al subir,
abre la puerta, igual
que se abre un diccionario
para que todo ocupe su destino,
y me besa en la boca.

Reino de soledades oportunas,
habitación casi perfecta
al otro lado de los días,
hospitalaria forma de quitarme el abrigo,
de acariciar con ojos lentos
las hojas secas de mi voz,
el rastro de las calles en mis hombros,

la mala tarde y el cansancio.

Luego enciende la luz, tan enigmática
como la piel que ha visto
y ha descifrado el curso de los años,
me prepara una copa, y la pone en la mesa,
cerca de la butaca preferida,
para que se deshaga en el silencio
y acompañe el rumor de las historias,
el licor impreciso
que mezcla las palabras con las insinuaciones.

Sólo el humo y las lágrimas
saben juntar las cosas,
y en el humo se juntan
los recuerdos pacíficos de las noches inquietas
y la inquietud de un tiempo serenado.

Recuerdos de las noches envueltas con el día,
las noches apoyadas
en el primer instinto de aventura,
la urgencia de sentir
y comprenderlo todo,
el deseo sin calma, o la promiscuidad
con sus humillaciones y sus deslumbramientos,
que buscaban al filo
del corazón inagotable
un principio de orden y conciencia.

Mentira por mentira o lealtad por lealtad,
el amor aceptó cambiar de estado,
miró desde una sombra
la quietud resistente de las brasas,
y buscó compañía,
conocimiento exacto
de fortalezas y debilidades,
el misterio infinito de las repeticiones,
la costumbre final de una luz elegida,
el pacto negociado
por la tranquilidad de una butaca
y el cuerpo que envejece
con mirada de brillos juveniles.

Y no es verdad, la vida no consuela
del entusiasmo de la juventud
con los placeres de la inteligencia.
Pero hay anillos respetables
en la mano que busca una caricia.

Ahora me defienden tus cuidados.
Jacobina si voy a ser cobarde,
prudente si me arriesgo,
descanso en ti,
en tus asombros,
en tu lealtad antigua,
biblioteca.

III
LAS PALABRAS DEL PERSEGUIDO
(Canciones)

CANCIÓN BÚSQUEDA

¿DÓNDE va el perseguido?
A buscar el idioma de los árboles muertos.

Detrás de cada esquina,
el mundo se convierte en un secreto.
Ha llegado hasta el mar
por cubrir sus palabras de arena y de recuerdos.

Pero el mar no las oye
mientras se van hundiendo
y los barcos navegan tristemente
para llenar de agua los himnos y los besos.

Las gaviotas esperan
canciones de borrachos en el puerto.
Historias compartidas,
el olor de los cuerpos,
el faro melancólico de una noche difícil
porque tuvo argumento.

Hay luces apagadas que vuelan como pájaros.

Después, ya lo sabemos,
son los últimos trenes,
los postigos abiertos
y el desnudo que cruza la ventana
con la piel de los sueños.

No quería otra noche,
no buscaba el silencio,
ni siquiera los mástiles
que tienen el sigilo de los ecos.

Depuraciones, brumas,
ahora ya lo sabemos,
la voz es de madera y se corrompe
sumergida en el tiempo.

¿Dónde va el perseguido?
Ha bajado al otoño
para hablar el idioma de los árboles muertos.

CANCIÓN PRESENTIMIENTO

SEGURAMENTE
nadie pudo decirnos
que la luz era un túnel sin salida,
que el sol era la sombra
y el mar un sentimiento de la piedra.

Seguramente nadie,
nadie quiso advertir en los periódicos
una flor que era invierno,
una ley que era espada
y esta nube, sospecha de la roca.

Así,
amaneció de negro el día blanco,
y la luna fue escombro
a las dos de la tarde,
cuando salió la víbora de los grandes desiertos
para buscar almohadas y conocer la nieve.

Y los años perdían la memoria,

y el desván se cerraba en las alas del águila,
y cada huella presentía el hielo,
y cada uno se aferró a su nombre
como a un leño en el mar,
navegando en la herida de una frase,
en las puestas de sol,
entre las cartas y los documentos.

Así, con la rutina
de las salas de urgencia,
vino el sapo viscoso de la lluvia,
y nos besó en la boca.

CANCIÓN DE LA ESQUINA 40

EN la esquina 40,
entre los almacenes Minessotta
y la casa de vinos,
cruza el viento nocturno
de una luz desvelada.

La familia García
pintó ayer las paredes del primero.
En la tercera planta,
dos alemanes de Berlín Oeste
y un murmullo de plástico.
Por el segundo piso cruza el viento
de la luz desvelada.

Ya nadie lo recuerda.
Cartas de Barcelona y de Bilbao
para envolver collares de Bolivia,
trenes que van al Norte
y son barcas que llegan de Marruecos.
La Historia nunca quiso recordar el pasado,

no es justa con los justos,
ni río de agua dulce,
y se va con el viento de una luz desvelada.

En la esquina del viento,
por la ciudad sin ojos,
donde se juntan los cristales
de la hamburguesería y la taberna,
cruza la soledad
y la hoguera nocturna de una luz desvelada.

CANCIÓN RESISTENTE

AL nacer en un tiempo sin excusas,
escribí lentamente la novela de un niño.
Yo buscaba entre sórdidas estampas
una rosa amarilla y una copa de vino.

Después llegó el momento de las calles,
de los cuerpos desnudos en el aire de un símbolo.
Esos fueron mis años. Yo busqué
una rosa encarnada y una copa de vino.

Hay tardes en que alguno de vosotros
me llama por teléfono y me regala un libro.
Canción es la memoria. Todavía
la rosa del desierto y una copa de vino.

No fue la realidad, fue solamente
una de sus canciones la que trajo el olvido.
Sobre el cadáver de las diez preguntas
una rosa morada y una copa de vino.

CANCIÓN SUICIDA

NO obedece el futuro,
ni el pasado obedece,
ni siquiera los días
contables del presente.

Tampoco las palabras
escritas obedecen.
Son un destino al margen,
unas canciones débiles,

como las caracolas
tocadas de cipreses
que dejan en el viento
las verdades sin suerte.

No obedecen las cartas.
La escopeta obedece
el enigma que sufren
los relojes de nieve.

Porque el tiempo es un curso
sin corazón ni leyes
que olvida las historias
y jamás obedece.

Obedeció el disparo
del suicida en la frente.
Allí, junto a sus cosas,
le obedeció la muerte.

CANCIÓN SOL

SOL de los vertederos, animal sin orgullo
que lames las montañas
de papeles heridos y de palabras secas,
con tu docilidad de botella vacía,
eres el dueño del amanecer.

Viejo sol humillado
entre las vigas del crepúsculo
para que giren a tu alrededor
la ley de lo podrido, la memoria y el fango,
eres el dueño del amanecer.

Sol de las vías muertas,
tan hostil a las ruinas con infancia
como un caballo de cartón inmóvil
bajo los utensilios que buscaban el óxido,
eres el dueño del amanecer.

Y por el caos de tus aguas
navega el cisne oscuro
que no conoce la melancolía.

CANCIÓN ECLIPSE

EL día del eclipse
volvió a mirar el sol
y comprobó su antigua mordedura.

La libertad
como una antorcha hundida
en el mando a distancia
de los televisores.

La igualdad,
fugas en blanco y negro
con un actor de abrigo sospechoso.

Y la fraternidad...
Déjalo así, canción,
tampoco es necesario
que hagas el ridículo.

Ya no estamos en julio.
Basta mirar el sol sin que nos ciegue

y descubrir el rayo
que pueda convertirse en edificio
con la cristalería
de una rosa blindada en el hogar del viento.

CANCIÓN LUNA

NO respondió al abismo,
a las noches cargadas de espesura,
a las tormentas de los valles últimos.
No respondió a la luna.

No comprendió el silencio
de los talleres y las causas públicas.
No denunció la herida de los libros.
No respondió a la luna.

Ni el infierno celeste,
ni los significados de la culpa,
ni el colmillo dudoso del lenguaje.
No respondió a la luna.

El corazón sin norte,
sin escenario, sin virtud, sin música,
quiso vivir el tiempo de la espera.
No respondió a la luna.

Y la luna esperaba
otro modo distinto de mirar a la luna.

CANCIÓN QUE CORTA

ABRIRÉ las ciudades
por si hay
una silla vacía
en los ojos cerrados del futuro.

Abriré las palabras
por si llego
a una luz y a una mesa
en los ojos insomnes del pasado.

Y abriré
la piel de un ruido,
la bóveda de un eco,
el tejado con hierbas de mi casa.

Quiero estar en nosotros,
quiero volver al río y a los álamos,
descubrir lo que queda,
lo que falta.

Aire
para los aires de mi sombra,
humor de tinta azul en los abismos,
campanas de cristal
sobre la incertidumbre.

Con el filo
de una antigua quimera,
abriré las ciudades, las palabras.

CANCIÓN DE ESPERA

AGUARDO la canción
que no sale de mí.
Me he sentado a esperar en la almadraba.

Dama de sangre azul es la paciencia.
Conmigo se ha sentado en esta roca
impuramente gris de la almadraba.

Me he sentado a esperar
la marea y la luna clandestina
que sueña en la almadraba.

No comparto el silencio
y no sé qué decir.
Me he sentado a esperar en la almadraba.

IV
CAMBIOS DE PIEL

La muerte no consiste
en no poder comunicar
sino en ser ya para siempre incomprendido.

Pier Paolo Pasolini

FE DE VIDA

NADIE sabrá las veces, las mil veces,
después de la tristeza o de la humillación,
que envidié la sonrisa de los cínicos,
esa distancia fría de sus labios
ante la realidad. Son como estatuas
sobre el declive amargo del otoño,
y en las seguridades de la piedra
no conciben el riesgo de la fe,
la luz que se hace vida, pero luego
puede sentir la mordedura,
el veneno amarillo
de la vejez, la quiebra y el ridículo.

No conciben heridas. Será porque recuerdan
la pureza metálica del justo
que agita su sermón
más allá de las dudas y de las decisiones,
clamando contra el filo de los sueños,
contra la incertidumbre,
sin asumir ninguna

responsabilidad en la quietud,
con su orden de muerte y de injusticia.

Al caminar un día
sobre los arrabales de la Historia,
mientras la luz deshecha buscaba solidez
en el cemento y en los vertederos,
sentí —igual que se perciben
las inquietudes y los atardeceres—
que la verdad abstracta
es legitimación de la mentira.
Y no pude salvarme, ni ser puro,
ni sonreír con labios de distancia.
No me quedé en los márgenes,
ni en mesas de camilla,
ni en la capa del noble, ni en la canción de infierno.

Pero la luz se enfría débil sobre los campos
y quien regresa siente las manchas de la tarde.

Nadie sabrá jamás
las veces, las mil veces,
que envidié la sonrisa de los cínicos,
la pureza metálica del justo,
después de los regresos y de la humillación,
al sentirme manchado por la luz
y al conservar en la memoria,
en la izquierda vacía de mi cama,

como la sombra hiriente del cuerpo que se ha ido,
la memoria dudosa y palpitante
de algún amanecer.

Porque tal vez la vida
sólo nos quiere dar
aquello que después sabe quitarnos.

HOMBRE SIN OPINIONES

CON palabras manchadas de café
y en tibias sobremesas familiares
intuí, por los ecos
de la vida en la paz de los manteles,
esa misma certeza que luego me enseñaron
los tilos y el paraguas
en las conversaciones del otoño.
Sobrevivir
tiene pasos de zorra,
la cordura amarilla del secreto.

Una extensa mañana de cristales helados
me procuró lecciones y maestros,
fórmulas matemáticas y palabras divinas
que no llegué a entender, porque al oírlas
reconocí de nuevo
que el arte de la edad es ser noviembre,
hilvanar los disfraces
con seda ambigua del amanecer
y costuras de luz al mediodía.

Al salir a la calle,
después de visitar algunos bosques
y ver que se convierten en frutas consumidas,
aprendí que no debo
nombrar la soga en casa del ahorcado,
discutir la traición con los traidores,
responder las preguntas del político.

Apoyado en la barra, lentamente
he apurado la copa
de los jardines amarillos
y paso entre los cuerpos de la fiesta
sin despegar los labios.
Ya no tengo opiniones. Cierro la puerta y voy
en dirección al mundo de mi casa.

He aprendido a callarme cuando me quedo solo.

LA DISCIPLINA DE LA POBREZA

PARÉ en la carretera,
y al salir de aquel bar deshabitado
noté que me seguían.

La luz del coche ajeno se acercó
a la nuca indefensa de mi coche.
El policía de la incertidumbre
pudo esconderse a tiempo
en la cortina del atardecer.
Y detrás de la curva del pasado,
igual que la linterna de un minero
en el retrovisor,
aparecía y desaparecía
la huella del que estaba persiguiéndome.

Aceleré hasta hundirme
en la venganza de la noche,
mientras el lobo de las autopistas
buscaba soledad y luna llena
en los campos borrados,

en los cruces sin nadie,
en la ciudad sin nadie
borrada por la prisa.

Hubiera preferido detenerme
al llegar a mi casa,
abrir la puerta,
abandonarme al interrogatorio,
dejar que inspeccionaran las sombras de mi archivo,
que revolviesen los cajones.
Pero al estar allí pasé de largo,
doblé la esquina muerta
y seguí la ciudad
para llevarme el coche
inevitable que me perseguía
a la espuma infectada,
al movimiento inútil de los amaneceres.

No soporté que nadie pudiera descubrir
tan limpio de sospechas el lugar donde vivo,
no soporté el registro que ya no encontrará
los nombres que buscaba, las citas y las pruebas
de la conspiración.

No me acostumbro a ser inexistente.

EL BAR DE SIEMPRE

OCURRE pocas veces,
apenas en la noche del eco tormentoso
o en el amanecer de luz dañada
como la oscuridad
y más nocturna.

El humo de mis huellas
se apodera del tiempo, de mi tiempo,
envuelve las arañas melancólicas
de los ojos cansados,
sube por las paredes de un sueño mal vivido,
y se llena de voces,
de sillas descoladas y melodías sucias
igual que ceniceros,
igual que un pasadizo
a medio consumir,
hasta que mi conciencia
consigue recordarme
un invierno de nubes primitivas,
como si fuera el bar de siempre.

Por detrás de la barra,
los camareros juegan a las sombras.

De todos los lugares del pasado
la memoria prefiere,
en ese amanecer o en esa noche,
el rincón donde viven
los antiguos, inútiles futuros,
y me levanto de la mesa
de los buenos amigos
para abrazarme a lo que ya no existe,
para darle la mano a los remordimientos,
para cruzar por las conversaciones
donde se habla de mí,
de la parte más negra del infierno que soy,
de las mentiras de mi nombre,
de mi violencia
y mis asesinados.

Cuando llego a la barra,
después de haber surgido del recuerdo
como puede surgir una serpiente
por la historia vacía de su piel,
alguien cambia de música,
una canción de amor,
y la mujer que sabe de la niebla
me descubre las turbias hazañas de mi vida,

sin esfuerzo ninguno
para ser convincente.

Pero no le hace falta. Igual que los demás,
he venido a creérmela,
y le digo que sí, que estaba yo también
en el lugar del crimen, de mi crimen,
justo detrás de ella.
Pude ver con mis ojos
las heridas firmadas por mi mano.

Ocurre pocas veces.
Son ojos más nocturnos que la noche.

La verdad es que suelo
abrir ventanas
para que corra el aire,
y persigo la luz, cuanto ella puede
tener de hospitalario,
y más que mis certezas
valoro un contrapunto de nostalgia,
esa debilidad del corazón
que confía en nosotros
y pone los recuerdos en su sitio.

Una rosa debajo de la almohada.

Y MIRARSE A LOS OJOS

HAN pasado los vientos
y mirarse a los ojos no es sencillo.

Vivir esta ciudad
es pisar un jardín de tachaduras,
la presencia infectada de lo que ya no existe,
de lo que fue recinto del invierno
o refugio del sol,
teatro de las lluvias y de los conocidos.

Recorrer la memoria de las habitaciones
es provocar la niebla del interrogatorio.
Y no deben hablar, pero se anulan
en un silencio turbio
que delata el pasado de las sombras pacíficas,
los cristales hirientes por donde pisa el orden,
las botellas guardadas en mensajes vacíos.

Porque apago las horas
con el interruptor de los olvidos

y retumban los pasos en el sótano.
Imagínate tú, la habitación,
las llaves en la puerta,
los tacones que cruzan el pasillo,
la cremallera seca
y el cuerpo que no ofrece libertad,
sino cansancio,
calor de más, excusas previsibles.
Así llegan los sueños,
mártires descentrados de un corazón maniático.

Han pasado las leyes del honor y la vida,
las mejores palabras,
y mirarse a los ojos no es sencillo.

EL JARDÍN DE LA SERPIENTE

> este país de todos los demonios.
> JAIME GIL DE BIEDMA

> en vil mercado convertido el mundo.
> JOSÉ DE ESPRONCEDA

POR un amanecer de sábanas templadas
y ruidos de la calle,
en el jardín de la serpiente
y en el idioma obrero de las motocicletas,
conocí las preguntas de la luz,
las respuestas del tiempo.

Igual que se confunde con el campo
la hierba de las tristes ciudades provincianas,
este rincón tan mío y tan ambiguo
surgió de algún encuentro
fechado al margen del azar:
una cubertería de plata y un suburbio
en el reloj amable de los años hostiles.

Porque fui bien cuidado en un tiempo difícil.

Como buenas palabras,
me explicaron la vida los silencios.
Silencio del armario que escondía

camisones de seda,
silencio de la cómoda con manteles de hilo,
silencio del cristal y de la porcelana,
de los dioses desnudos
y del cajón donde mi padre
guardaba la pistola.

Pero en aquel tumulto de silencios
entraban suavemente los ruidos de la calle
como una lengua familiar,
y corría el pregón de la existencia,
lleno de vendedoras conocidas,
de secretos guardados en los árboles,
de hormigoneras y amapolas
sobre la piel de un barrio
unido a los tranvías y al bar de la estación,
en el que se juntaban
los primeros cigarros y la luz del coñac,
el misterioso afán de los talleres
y un almanaque de mujer desnuda,
la gente de los pueblos
y las motocicletas,
antes de repartirse por las obras,
las oficinas y los hospitales.

Y así fue como un día
me supe tiempo y quise
reptar hasta el oído de los tiempos

para ofrecer una manzana
con el licor impío de la imaginación,
el relato del mundo
que convierte las fechas en canciones,
los páramos en islas
y la necesidad en sentimientos.

Después de haber llenado los ríos de alamedas
y las regiones humilladas
de autobuses con horas de retraso,
me busqué en el espejo
para reconocer
un alma buena de serpiente,
y pedí la expulsión del paraíso
por el deseo firme de hablar con los demás,
demonio y ser humano
en una sola fábula,
demonio convencido
para sentirse humano.

No es el desclasamiento
un ejercicio grave
cuando puede leerse en un poema
escrito por la paz de la conciencia,
y ser demonio era la paz
en un país distinto,
aquel país de todos los demonios
por el que Adán y Eva

buscaron la serpiente
que pudiera salvarlos de la mediocridad
y de los trenes sucios,
de las palabras muertas al fondo de los vientos
y de la emigración.

En las almohadas del amanecer,
un impaciente sueña
sus lecciones de historia y geografía,
y mi modernidad era un sueño imposible
nacido de aquel sur con casas pobres,
la esquina pobre de las esperanzas,
tan dispuesta a juntar,
como sol en la nieve,
las máquinas, los libros y las ensoñaciones.

Pero la vida es siempre demasiado sutil
sobre la claridad de las verdades,
y para corregir esta distancia
fluyen los solitarios
caminos del poema
en el ángulo incierto de algún atardecer
que le llama al deseo por su nombre.
Bajo el tumulto de la fiesta
volví mi rostro
al escuchar que me gritaban
la débil luz y la palabra
melancolía.

Mirad, Adán y Eva
en las televisiones,
sentados tristemente
en los grandes concursos de la nada,
juzgando la verdad y la mentira
por los ojos de plástico,
por oídos de plástico,
por los lujos mediocres y por las hipotecas.

Hoy levantan la copa,
el licor de manzana,
cantando con orgullo su originalidad,
su falsa independencia,
el libre corazón homologado
que pretende olvidarse
de las cosas vulgares.
Por ejemplo, el amor
o la imaginación de los olivos,
los sueños de aquel sur con casas pobres,
la historia descompuesta
en las otras orillas.

Ya no sienten piedad,
conocen demasiado sus derechos.
Eva y Adán y viernes por la tarde
en el idioma juvenil
de las motocicletas.

Su pupila recorre el frío del espejo
y la serpiente traicionada sabe
que han desaparecido
los mundos de su mal y de su bien,
la casa sosegada y el bar de la estación.

Ya no es cambio de piel, sino desierto,
un ejercicio de vivir sin época,
como la huella inútil de la dulce prehistoria
que conoce sin duda su fracaso,
pero no puede darse por vencida.

Cuando queráis llamar por su nombre al deseo,
repetid la palabra
melancolía.

Busca, recorre, piensa
esta triste serpiente que se muerde los labios.
No hay otra dignidad en la espesura
del antiguo jardín de los disfraces.

Sólo pasan la nube y el vacío.

REALISMO

AL levantar los ojos de aquel libro,
leyó el amanecer en un campo de nubes
que incendiaba la luz. Era el final del viaje,
casi el final de la novela,
un destello de paz y de cansancio,
porque las azafatas
retiraban con prisa las últimas bandejas
del desayuno,
y el avión se acercaba,
sobre las rosas y los crisantemos,
a dos ciudades con el mismo nombre:
Madrid decimonónico
de corralas y brumas de café,
y Madrid desbordado del siglo XXI,
cuando la realidad
traza caminos en el aire
y la ficción
mueve su mano azul a ras de suelo.

Toda la noche oyó correr caballos

porque cruzaba el mar
y había descubierto
gentes de antiguo oficio,
señores de una turbia inconsistencia,
feligreses, busconas y cesantes
en un pasillo largo de viajeros dormidos.
Las calles de Galdós y la penumbra
de los vuelos nocturnos,
la lentitud del aire
a más de mil kilómetros por hora
y el mantón humillado
de la pobre muchacha que quiso ser un ángel.

Las nubes y la luz al confundirse
forman mundos extraños
muy cerca de la yema de los dedos.
La misma paradoja de un nombre y un destino,
la mirada infeliz de Fortunata.

Que sorprendió sus ojos al borde del vacío,
ya no lo supo nadie.
Fue apenas un segundo
entre la oscuridad y el resplandor,
entre los gritos y el silencio.
El labio de la nada.

Tampoco supo nadie
el misterio de aquella aparición,

un cuerpo entre las víctimas
desconocido por los documentos,
sin tarjeta de embarque,
y con ojos de nieve y de jazmín,
extrañamente limpios en medio de la muerte.

HIMNOS Y JAZMINES

A Alfredo y Chus

SON de arena escondida.

Los pasos que perdimos al cruzar
por el desierto ambiguo de una fecha
o por el interior
de una fotografía en blanco y negro,
son de arena escondida,
una luz que nos sigue
vieja y al otro lado del presente.

Será porque en algunas ocasiones
la vida nos conduce
hasta una densidad
que es demasiado nuestra para pertenecernos,
o porque somos agua,
o porque los navíos de la luz consumida
mueven sus grandes velas
en el mar imposible del recuerdo.

Serpiente arriba pasan por mis manos

las tardes y los mástiles en busca de su historia.

Estoy en Lima, la ciudad
del aire gris herido
y los pasados luminosos,
entre antiguas mansiones coloniales
en las que vive la miseria,
un extraño vacío de vigas y de yesos
que sale a la ventana,
observa nuestros pasos,
como se mira al mar o al infinito,
y detiene el reloj de la tristeza.

Hasta el tumulto de la calle guarda
un rumor de secretos aplazados.
Hay tiendas y sonrisas,
miradas enigmáticas
y restaurantes desabastecidos,
soles de rayos húmedos,
el oro humilde del Perú
o la emoción lluviosa del planeta,
doblegada a las leyes
de los nuevos soldados del turismo.

Pero ante los comercios
en los que se adormece la madera
con sequedad de barca corrompida,
no paso yo,

sino el rostro del niño
que cruzó por las tardes de Granada
con el abrigo triste de los años sesenta,
heredero de nieves,
en la melancolía temerosa
de sus antepasados.

Estos escaparates de la nada
viven llenos de peces amarillos,
arenas escondidas
en un país de templos y camiones Pegaso,
de himnos y jazmines,
de miseria que anuncia el desarrollo,
a mitad de camino
entre el final amargo de una guerra
y la nueva sintaxis de los televisores.

La máquina del tiempo
no necesita más. Cuarenta años
y el color de mis ojos.

Difícil soledad la de este mundo,
porque mueve sus alas
en el aire mezquino de la Historia,
y, sin embargo, vuela
por la luz asombrada de mi melancolía.

NARANJAS Y CIPRESES

DÉJALO ya. Recorre este silencio
de naranjas sin sol y cipreses sin luna.
Ahora que la verdad y la mentira
se alejan fatigadas
en el humo amarillo de un desdén,
tendrás que defenderte
de los rencores y del patetismo.
La muerte es un contable
perdido en la inocencia de los números.

Avara, sin excusas,
con sus cuentas inútiles y con sus manos frías,
se acercará a tu casa.
Espera la visita
y reconoce
una extraña dureza familiar
en el último paso.
Quien se arriesga a vivir un sueño ajeno
acaba por ser víctima
de sus propios fantasmas.

HOJAS VERDES

COMO vive el recuerdo
de la casa infantil donde aprendimos
la lección del verano,
yo conservo la imagen de aquel día,
soñado en realidad,
pero después vivido tantas veces.

Y se mantiene firme
en las borrosas claridades,
aquel día de abril
con techos altos y paredes blancas,
erguido al fondo de los almanaques,
sus balcones azules frente al azul del mar
y la hiedra en la tapia,
de un verde joven, casi húmedo,
igual que la pintura de las vigas.

A las ventanas suben
el olor de la orilla
y los murmullos del naranjo,

mientras el aire sensitivo
se mezcla con la luz o con la luna,
dibujada en el cielo por la mano del tiempo,
perfecta como un número sin sombras.

Aquella fecha renovó el tejado,
barnizó sus esquinas contra el óxido,
cambió el cristal partido por el viento
y defendió su hermosa silueta
de cifra solitaria
a finales de abril,
en una elevación del litoral
o de los calendarios.

Agradezco la calma de su respiración,
la tímida hermandad de historia y de inocencia,
esta melancolía de brillos optimistas
que conoce las grietas
de los amaneceres en invierno
y resiste en las tapias del jardín,
breve sueño del mundo,
imagen de aquel día
encendido en mitad de la tormenta.

Agradezco que siga poblando el horizonte,
aunque nadie la habite
y aunque yo nunca pueda visitarla.

V
LOS DESNUDOS NO SON PAPEL DE PLATA
(Canciones)

CANCIÓN DESHOJADA

LA vida tiene pétalos
y un rosal donde tiemblan las historias.

La historia de ese pájaro
que llegaba a dormirse en los escaparates
y ahora vuela en el alma de sus nuevos clientes.

La historia de esa nube
que cubría ciudades con papel de periódico
y ahora deja su lluvia en un tren cancelado.

La historia de mis gafas,
las que piden mis ojos, las que ponen murmullos
de teatros y máscaras junto al libro en la mesa.

La vida tiene pétalos
y nubes sin ciudades,
y las plumas del pájaro,
y las gafas que ahora
son la huella redonda del vacío.

CANCIÓN METROPOLITAN

UN Dios no se desnuda,
pero hay muchos desnudos que imitan a los dioses
si las monedas temen su ruido contra el mármol.

Quien mire la moneda
suspendida en los aires
con la exacta locura de un reflejo,
deberá comprender el silencioso
tumulto de su vértigo.

Los tigres de platino
que suben la escalera del museo
no hacen saltar la piel de las alarmas.

Sólo dejan inviernos,
sólo esconden el cólera en la seda,
sólo manchan con ríos de tinta los espejos.

Y la luz
se acomoda a los ríos,

y el agua sucia corre por los amaneceres,
y comulga con ruedas de molino
en las cartas de amor
o en los ojos del niño.

Las monedas no caen en la tierra,
se hunden en las rayas de la mano.
Nadie quiere saber si es cara o cruz,
pero todos evitan
su ruido contra el mármol.

Escucha.
Un viento de cortinas y disfraces
en las salas nocturnas.

CANCIÓN ÍNTIMA

A Juan Vicente Córdoba

DETRÁS de aquella puerta
y detrás de aquel nombre
había una canción sobrecogida
y una luz indefensa que opinaba del mundo
como opinan los barcos sin regreso
antes de comprender que nadie los espera.

¿Qué hay detrás de tu nombre
cuando cierras sus sílabas?
¿Quién se quedó tendido
en el primer otoño
que recorrió las tardes de tu cama?

A veces no es el tiempo
un anciano que cruza por la orilla de un río,
sino la adolescencia de las cosas,
la pequeña ceniza de lo que ha sido tuyo.

Recuerdo una ventana,
la luz, las hojas secas de mi cuarto cerrado,

la rosa más tajante en la niebla de un disco,
las preguntas del humo
y la fotografía del poeta.

¿Qué hay detrás de tu nombre?
Una lealtad. La nieve no es olvido.

CANCIÓN EXTRANJERA

PERO las cosas han cambiado.
Míralas
en su desconocido firmamento.

Esta lámpara joven.
¿Qué soledad descubre su luz en el espejo?

Este vaso de agua.
¿Qué noche de verano comprende sus secretos?

Estas vigas azules.
¿Qué araña tejerá el dolor de sus cuentos?

El idioma dormido de las cosas
exige un corazón subtitulado
para contar los sueños.

Míralas,
hablándote despacio, igual que a un extranjero.

CANCIÓN SERPIENTE

TE lo han contado ya...
¿para qué voy a hablarte de mi vida?
Las palabras no forman una selva.
Son igual que la nieve,
y no puedo vivir en las palabras.

Si todo está deshecho,
si las huellas, los nombres y los años
confunden un camino con un círculo,
¿para qué voy a hablarte?

La luz de un tren nocturno
os dijo en las palmeras
que la palabra verde busca forma de látigo.

Y repitió el insomnio
de la ciudad inútil
que las noches se pierden en un ojo sin párpados,

porque la audiencia sube
cada vez que el veneno
abandona a su suerte los instintos del rayo.

Y yo,
que soy la historia de los rayos,
el ojo entre silencios, el lugar
donde la niebla se convierte en fruta,
nada puedo decirte.

Si ya te lo contaron...
¿para qué voy a hablarte?

Las serpientes no viven en el hielo.

CANCIÓN 1960

HASTA la plaza
de los árboles secos
han bajado a sentarse las historias
que jamás se contaron.

La maleta fantasma
perdida como un barco.

Los pañuelos del tren
y el autobús que cruza
por medio de la orquesta del verano.

La noche arrepentida
en los primeros pasos
y el reloj que no puede
romper el muro de las cuatro.

Han venido a sentarse
para escuchar el miedo de los pájaros,
para ver la chaqueta

colgada en el armario
y los árboles secos
de los recién llegados, de los recién llegados.

CANCIÓN 2001

LOS periódicos son
largas noches de invierno.
Mis palabras se queman en la lumbre.

Y en los televisores
llueve sobre mojado,
precisamente allí donde la tierra
no conoce la lluvia.

El frío del sermón
ha descubierto rosas, castigos y milagros
en las reglas impuras de la objetividad,
y ahora vende noticias
en vez de arena blanca en los pasos del náufrago
o libertades en los cementerios.

Son las reglas
y el mar no las olvida.

Yo te espero a la luz de un pasado imperfecto.
Tú llegas por las sombras de un futuro perdido.

CANCIÓN PORNOGRÁFICA

A Benjamín

EL agua pide orillas donde apoyar la frente,
la noche busca sueños para entrar en las casas,
la luz se hace murmullo
y los países juegan a las cartas.

Juegan
como el silencio con sus ruidos
para pensar que existen en un orden certero.
Como los rayos de la luna,
porque cantan su número y se van deshaciendo.

Juegan como los dioses sin castigo,
suplican el color de una bandera
y la sombra de un himno.

Necesitados de soberanía,
los desnudos no son papel de plata.
Ya no hay sombras detrás de los abrazos
y los países juegan a las cartas.

CANCIÓN ARBOLEDA

DORMÍA en el refugio de los débiles,
una cama revuelta
de oscuridades fuertes,

cuando bajó su sueño a despertarlo.
Puso entonces los pies
en un mundo nevado.

El frío de las ropas por el suelo,
de los amaneceres
y los zapatos viejos.

Como los pedregales de la casa
no esperan el orgullo
de una sombra descalza,

pudo abrir los cerrojos de la puerta,
llegar al campo libre
sin que nadie lo viera.

Y se atrevió a romper con su destino.
Cortó a la luz del día
la flor de los malditos,

soportando la noche del cobarde,
la angustia de los números
y la rabia del ángel.

Buscó la soledad de una arboleda,
y sigue allí, lejano
para sentirse cerca,

vigilante de lunas despedidas,
con la plata del sueño
y el limón del realista.

CANCIÓN DEL DÍA SIGUIENTE

HA bajado hasta los pinos
para medir la distancia.
Prisionera junto al mar
y extrañamente cautiva
de sus ojos en el agua.

Los pinos saben la historia
de sus ojos en el agua.

En noches indescifrables
de serpiente solitaria,
extrañamente cautiva,
llegó a perder un idioma
por buscar una palabra.

Pero ella sigue bajando
a los pies de la almadraba,
y los pinos que la esconden
saben esperar con ella
a ver lo que esconde el agua.

VI
PEQUEÑAS ELEGÍAS INFINITAS

LAS ESTRELLAS
(Autobiografía)

UNA belleza triste,
un temor seducido,
el interrogatorio de la luz,
son las estrellas.
Y las busqué en el cielo de una caja de plata
cuando entendí que nadie
sube dos veces a la misma noche.
Pensar el firmamento
desde un rincón de la memoria
es vivir entre anillos y miradas antiguas,
o desatar los sobres que guardaron
los amantes difíciles
para soñar palabras,
como quien busca setas en el bosque
y no quiere perderse,
y no llega a perderse.

Primero fue la paz del mes de junio,

más clara que cualquier razonamiento
al sentir los jazmines con la luna.
La falsa erudición
es un modo legítimo
de comprender la ley de las estrellas,
y mi padre otorgaba un nombre a las figuras,
un sentido a la red del universo.

Como desaparecen los nublados,
cesaban las verdades y las fechas
para que yo escuchase
cruzar el carro de los embelecos
movido por los bueyes
de mi sinceridad.

Sobre el rumor que entonces imponía
el verano infinito de los años sesenta
al caer en las calles
de una ciudad antigua y provinciana,
pasaron las estrellas con sus nombres de espuma,
la cola de serpiente,
las pisadas del ciego, el caballo perdido,
Marte, Saturno, Venus,
una infección de luz y soledades.

Todo estaba bien hecho:
la voz, la piel, la manta y la terraza,
incluso nuestras dudas,

esa materia nuestra que llamamos la sombra.
Porque las perfecciones son tristes, y es muy triste
la belleza del mundo,
cuando las matemáticas operan con el viento
para multiplicar la lejanía.

Es así,
solamente es así,
en los ojos sin prisa
y en las fronteras del espacio.
Contra las aguas de la plenitud
vigila la Medusa,
como en el firmamento la propia inexistencia,
y las noches de insomnio en un cuarto de hotel,
aunque apague la luz
quien no quiere perderse.

Porque la geometría no es amor,
sino tregua y arista silenciosa,
la forma congelada de la angustia.

Por eso fue después
—y en segundo lugar,
como el abrazo resentido—,
una pensión del centro
que se llamaba El Caos.
Nunca vi deshacerse las estrellas,
ni la extensión del cosmos encerrada en un puño,

ni el cadáver del sol
junto a los crisantemos de la botella inútil.
El caos tiene sombras de muchacha
con los cristales rotos en la piel
y la respiración
de los desconocidos que duermen a tu lado.
Es la bombilla enferma,
la pared desconchada,
un aguardiente seco al fondo de la lluvia.

Caminé por la noche hasta encontrar
los disfraces nocturnos de la noche,
la cinta negra de la libertad
que se ataba en el frío de la nuca.

Comprendí de este modo
a la tercera vuelta del camino,
por detrás de sus lujos y sus rabias carnales,
que los ojos del mal
son los huecos cortados de una máscara,
la excusa de los seres que pretenden
ocultar su vacío.
Y el barco de papel hundió en el cielo
la pequeña armadura de la mitología.
Los restos del naufragio tiemblan hoy como escarcha
sobre la oscuridad.

Se comentaba entonces,

entre las galerías comerciales del tiempo,
la ley de las estrellas apagadas.
Puede viajar la luz en un galope herido,
sin lazos, sin mensaje, sin conciencia,
recuerdo de un recuerdo,
la huella de una fuga sin origen.

Son luces oxidadas, se colocan
como una insignia triste
en el orgullo de los pasajeros.
Recorro la ciudad que abre sus puertas,
que da los buenos días,
que dice conocer a muchas gentes
a quienes no conoce.
Ha cambiado la niebla por las informaciones.

Y es verdad, hace frío,
el mes de agosto tiene frío,
y las habitaciones, las fechas, tienen frío,
y las costas de África
que duermen a tus pies como un ahogado,
y esta urgencia de calles, telescopios,
pájaros sin preguntas
que vuelan persiguiéndose
sobre los intereses y las normas del frío.

Palabras confundidas con agujeros negros,
campanarios de luces apagadas,

cementerio de estrellas,
una liquidación somos nosotros.

¿Dónde estaba el idioma
que nunca hemos hablado y que perdimos?

Vieja luna,
tú eres la sintaxis de mi melancolía,
la paciencia de nieve
que se quedó del lado de la tierra,
a la distancia justa,
casi prendida de los árboles,
rodando en la ciudad igual que una palabra.

Las luces de neón
convierten sus desnudos en noticia.
Tú preguntas, me miras,
quieres saber de mí,
y es tan extraño.

LAS LECCIONES DE LA INTIMIDAD

AHORA sé que estarás en un poema,
en un poema mío,
el último, los versos de la nieve,
bañados todavía por la luz
que descifra las cosas de este mundo
y por la oscuridad callada de los remos,
para que tú camines sobre el agua
hasta llegar al centro de la tierra,
desnuda y decisiva,
cruzando el horizonte
igual que los pasillos de la casa.

Son las lecciones de la intimidad.

El azul más herido de septiembre,
los castaños rojizos,
la soledad doméstica de las fotografías,
la piel dorada
de los aniversarios,
el esplendor del cielo, de los montes

a la caída de la tarde,
puestos a confesar,
con la mano en el hombro
me repiten
esa verdad de amor que sólo saben
los amantes que fueron traicionados.

Y la vida se impone
por la debilidad de sus palabras.
Nos lo enseñan las leyes naturales.

Extranjero en la propia intimidad,
no conocen mi nombre
ni las orillas de la plenitud,
ni el cadáver del tiempo escondido en las olas.
Pero entienden la forma de mis pasos
en la arena que cae,
si confundo el reloj con el desierto
o vigilo la casa igual que el horizonte,
y en mi copa de dudas cabe el mundo,
y en el valor encuentro cobardía,
en los ojos la noche con su luz
y el corazón del niño
en un alma de antiguas corrupciones.

Porque allí los paisajes son sueños meditados
para que el horizonte
se duerma en el pasillo de una casa.

La intimidad nos dice que hay amores extraños,
extraños como un río sin ciudad,
como alargadas noches en las que se adivina
que resulta imposible la traición
una vez que aprendemos
a perdonar traiciones y verdades.

NOCHEVIEJA
(1940, 1970, 2000)

*A Joaquín,
y pongamos que hablo de nosotros*

> La serpiente que mordió a tu padre
> ciñe hoy la corona.
> SHAKESPEARE

LA ciudad sospechaba de sí misma.

Al volver la cabeza,
el invierno de entonces
sorprendía en la calle la fuga del invierno,
los ojos de los puentes vigilaban el río,
las mesas a las mesas,
el pasado al pasado,
y las palabras iban
midiendo sus palabras
por las enfermedades de los cuartos,
como madres que temen a la tuberculosis.

¿Quiénes somos nosotros?, preguntaba la nieve
hasta quedarse en blanco
y demostrar que los tejados eran
una interrogación sin horizontes,
una inquietud de llaves
que han perdido sus puertas.
El aposento de los humillados

pertenece a las órdenes del humo.
No viven en la paz, tampoco en la derrota,
tal vez entre las alas del insecto
que se quemó en la luz,
al comprender, urgido por la muerte,
que la verdad es un lugar vacío
pisado por el miedo y por los vencedores.

También estaba el mar, pero no quiso
salir de las botellas de aguardiente.
Cuando la noche del invierno
puso el mantel y colocó las sillas,
fingiendo la intención
de recibir un año
exactamente igual al que dejaba,
cayeron las canciones
como una herencia suprimida,
porque no se abrazaron solamente
los que estaban allí,
metidos en la piel de cada casa.

Los que estaban allí no estaban solos.

También bajó una estrella
herida con las puntas de los nombres borrados,
y se quedó en silencio
para escuchar los ruidos de las habitaciones.
Alguien sube. Tal vez una amenaza

o tal vez un hermano que volvió de las sombras.

Era el año de mil novecientos cuarenta,
y llegó como siempre, con doce campanadas,
aunque un viento de hambre y de banderas
ya le había pedido
la documentación.

En aquel universo de soldados de plomo,
el mundo daba vueltas
—con una lentitud de canción oxidada—
a la Puerta del Sol,
mientras que en los relojes
las lluvias de un abril inevitable
se llevaron la nieve de las horas vacías,
extraña nieve negra donde cuajó el silencio.

Otro aire
empezaba a limar las uñas de la luz.

Y el caso es que los humos de diciembre
ya no marcaron sólo el destino de España,
sino también mi historia,
el rumor del presente y del pasado
que corre como el agua por mis ojos,
el agua que lavaba,
el agua de los ríos y de las lavadoras,
el agua que cumplió

esas sustituciones del recuerdo
que primero se llaman la victoria
y más tarde la vida.

Hay manteles más limpios en la mesa,
y en la calle los coches
que vienen de Alemania o Barcelona,
y en los labios palabras
que cuelgan de otra luz y de otra música,
igual que los adornos navideños,
para encender la rueda de los días,
aquello que se siente y que se dice
con el mar en la copa
por la celebración del oleaje
y de los años nuevos.

Las cenizas vivían
como lobos cansados en el televisor.
Allí estaban los himnos,
los santos y el Caudillo,
tras su mundo imperial de la espada y la bruma,
enfermos y apoyados
en la fragilidad de una madera inútil.
Por un momento rotos, pareció
que se habían quedado sin país.

Porque la libertad
era una forma de sabiduría

y el amor una fecha sin anillo
desde los horizontes a los labios.
Casi una historia trágica,
con un final feliz.

Aquel sueño vivió
lo que duran las noches sorprendidas
entre la dignidad de la pobreza
y el precavido corazón del lujo.

Salimos al balcón. Las doce campanadas,
espuma limpia de cristales rotos,
cayeron a las plazas de los años setenta.

¿Qué empezaba a romperse?
Más que el espejo sucio de las comisarías
y las salas de espera,
en el que se arreglaron sus trajes de domingo
las pobres gentes de la dictadura.
Mucho más que el silencio, .
el cristo de la alcoba,
las fotos de familia numerosa
y el orden de los hijos
que deben ir a la universidad.

Mucho más... He llegado a saberlo
al contemplar la luz de los amaneceres
en los ojos de un cisne

con mirada de hiena.

Y la serpiente que mordió a mi padre
hoy ciñe la corona.
No la serpiente del jardín que tuvo
el árbol de la vida y la sabiduría,
sino la que acechaba en la vegetación
de las felicidades y los números,
para infectar el tiempo
hasta paralizarlo.

Sólo la realidad
necesita en sus días y en sus noches
la ley menesterosa de la imaginación.
Por eso quien intenta suprimir
las imaginaciones
debe privarnos de la realidad.
Y nos hemos quedado sin mentiras,
al existir, más bellos y más rubios,
en un mundo de pura inexistencia.

Gaviotas a la orilla de los ríos,
que se contentan con el agua dulce
y no preguntan por el año nuevo.

Porque la nieve
jamás es inocente,
y la nada tampoco,

la nada sucia
que cubre los jardines y las mantelerías,
aunque no se deshiele,
aunque borre las cúpulas y las conversaciones,
debajo de su amparo,
aunque deje ciudades y deseos
hundidos en las plumas de las águilas.

Rueda la libertad
por un mundo que fue deshabitado.
Son las doce en el viento
de las verdades frías. El servicio,
que retiró la mesa y preparó las uvas,
nos ofrece en un plato la voz de las campanas.

¿A quién puede dañar la perfección del viento?
Difícil preguntarlo
con palabras que sienten más vergüenza que amor
y tapan su desnudo sin mirarse a los ojos.

Difíciles violetas,
si lo que tuvo ayer no busca la mañana.

LAS CONFESIONES DE DON QUIJOTE

CASI nadie me llama por mi nombre,
vulgar y cotidiano como la rebeldía.

Prefieren otorgarme
la nobleza ridícula que yo mismo elegí,
el título de un pobre caballero,
de una triste ilusión,
y me recuerdan hoy
por el delirio de mis noches,
alunado, valiente
en la cabalgadura de los sueños
al confundir gigantes y molinos.

No les resulta fácil
convivir con el nombre de las cosas.
El dolor y el desvelo
convierten los rebaños en batallas,
las cuevas en enigmas
y la fealdad inhóspita en belleza.

Hermosa y respetable es la locura,
como la débil caridad del sueño,
hasta que descubrimos
las razones del Duque,
que invita al soñador y hace volar al loco
para fundar las normas de su corte,
las risas y los pleitos
que pudren corazones cortesanos.

Y ya no somos sombras,
sino cuerpos sin sombras,
ojos sin nadie
que viven en un reino de fantasmas
y han borrado las huellas de sus nombres
con un guante de plástico,
prendidos al vacío,
entre rosales pulcros y espinas bien cortadas,
como el jardín de un manicomio.
Madreselvas y lilas
alrededor de las preguntas
y de las soleadas canciones de los médicos.

Soy Alonso Quijano.
Yo recordé mi nombre en Barcelona,
después de ver el mar, de visitar la imprenta
y descubrir la farsa de mi vida
en la hospitalidad de los que hoy
repiten sin saberlo aquel destino

por el que me humillaban.

Fui derribado por mi propia burla,
cuando el azul del mundo,
en vez de gallardetes y clarines,
gastó la realidad de una palabra
para contar la arena
de los duelos perdidos
con los representantes de la luna.

Esta tarde de junio y de San Juan,
en esta solitaria habitación de hotel
que nos buscó el azar de la poesía,
regreso a Barcelona,
a importunarte con mis confesiones,
porque sigues ahí,
en el lugar de la ficción,
suspenso una vez más,
delante del papel,
con el bolígrafo apuntando al cielo,
la mano en la mejilla
y el codo en el bufete.

Porque resulta hermosa y respetable
la caridad del sueño,
se han celebrado mucho mis hazañas.
Pero si quieres verme,
más allá de los himnos de mi triste figura,

y saber cómo fui
en el paisaje oscuro de mi tiempo,
o cómo soy ahora
entre las libertades de tu siglo,
abre el balcón
y asómate a las Ramblas.

Pasa la multitud, cumple la historia
de sus mercados y sus oficinas.
Hay hombres y mujeres
que cambian de argumento al detener un taxi,
besos que sólo son una frontera
para volver a un domicilio,
colecciones de barcos que se olvidan
en una mesa de café
y gentes consagradas a fundirse
bajo la luz ambigua
en la llanura de sus movimientos.
No montan el caballo de los héroes,
pero están convencidos
de su programación,
de sus constituciones y sus leyes,
igual que yo creí
en mis novelas de caballería.

El retablo del mundo
sustituye las noches
por la historia medida de las noches,

y la luz de los ojos por la sed de las cámaras,
y la piel por un hueco
que las manos dibujan en el aire.

Exígele a la vida que te enseñe
a distinguir el mar del oleaje
que expulsa los desechos junto a las caracolas.

Al llegar a mi aldea
quise apretar el campo con los dedos
hasta sentir su araña
al lado de mi nombre,
la tarde que resiste en cada sílaba
dorada por la lluvia y el sol de la experiencia.

Volver será el oficio del amor,
incluso en un lugar impertinente.
Regresa tú también,
aprieta con tus manos el silencio
del último rencor
hasta sentir la caracola
que ha guardado la culpa y la inocencia
junto a la voz del mar,
esta canción añil
de los saludos y el adiós
que todavía compartimos.

Y que tu soledad camine por la casa,

vuelva de cuarto en cuarto
dejándose las luces encendidas,
por si alguien las ve,
y no quiere apagarlas,
y pregunta la historia que han escrito en su rostro,
las huellas de su nombre
vulgar y cotidiano como la rebeldía.

Como la rebeldía de la gente
que se atreve a vivir
fuera de las haciendas encantadas.

LA PRIMAVERA DE LA ESFINGE

OLVÍDATE de mí si estás conmigo.
Podemos permitirnos este lujo
de abandonar los nombres,
porque el nombre es razón de los ausentes,
y nosotros estamos en la luz,
en el aire que corta
las dulces siluetas,
en el tiempo que ordena las palabras
y en los escalofríos del jardín.
Incluso en la memoria que quiso ser presente.

Después vendrá el otoño
y volverán los nombres a los labios.

Apágame, viajero,
la luz cuando te vayas.
Recuérdame, lector,
al doblar esta página.